Bernhard Lassahn

Das will ich wissen

Piraten

Bernhard Lassahn
ist 1951 in Coswig geboren. Er lebt mit seiner Frau und seiner Tochter in
Hamburg. Als Kinderbuchautor ist er allgemein bekannt durch Käpt'n Blaubär,
der so viel Seemannsgarn zusammenspinnt, dass ihm sogar seine drei äußerst
schlauen Bärenenkel manchmal auf den Leim gehen.
Bernhard Lassahn schreibt nicht nur für Kinder, sondern seit vielen Jahren auch
für Erwachsene.

Peter Klaucke
ist 1943 geboren und studierte in Köln Kunst. Er lebt mit Frau und Tochter
(die zu seiner Freude auch Kunst studiert) in Frechen. Peter Klaucke malte
und zeichnete bereits für weit über hundert Bücher.

In neuer Rechtschreibung

1. Auflage 2005
© Arena Verlag GmbH, Würzburg 2005
Alle Rechte vorbehalten
Einband- und Innenillustrationen: Peter Klaucke
Gesamtherstellung: westermann druck GmbH, Braunschweig
ISBN 3-401-05862-2

www.arena-verlag.de

Bernhard Lassahn

Das will ich wissen
Piraten

Mit Bildern von Peter Klaucke

Arena

Inhalt

Sachwissen:
Piraten

Pedros erste Seereise

Pedro ist furchtbar aufgeregt. Zum ersten Mal
darf er mit seinem Vater auf dem großen Schiff
mitfahren. Sein Vater ist Kaufmann.
„Kleine Kinder haben auf Schiffen nichts
zu suchen. Das ist viel zu gefährlich!", hat der
Kapitän zuerst gesagt.
Aber Pedros Vater hat ihn überzeugt.
Denn Pedro ist schon acht Jahre alt.

Wenn nur die Piraten nicht wären!

Sie sollen grausam sein und jeden sofort töten.

Das erzählt man sich jedenfalls.

Pedro geht mit seinen Eltern noch mal
in die Kirche und betet, dass die Reise
glücklich verläuft.

Natürlich nehmen sie Wachen mit. Und sie
reisen nicht alleine.

Sechs Handelsschiffe, von denen eins sogar
Kanonen an Bord hat, laufen aus dem Hafen
von Barcelona aus.

Es ist noch gar nichts passiert. Pedro ist nicht
mal schlecht geworden.

Da meldet der Matrose
im Ausguck:
„Schiff in Sicht!"
Etwa ein Piratenschiff?
Doch wenig später
hat der Matrose das Schiff
wieder aus den Augen
verloren.
Wahrscheinlich war es
nur ein Handelsschiff,
denn es ist nicht näher gekommen.
Kleine Lampen werden angemacht,
damit sich die Schiffe, die zusammen
reisen, nicht verlieren.
Plötzlich sind sie da: Piraten!
Keiner hat sie kommen sehen.
Von allen Seiten klettern sie am Schiff hoch.

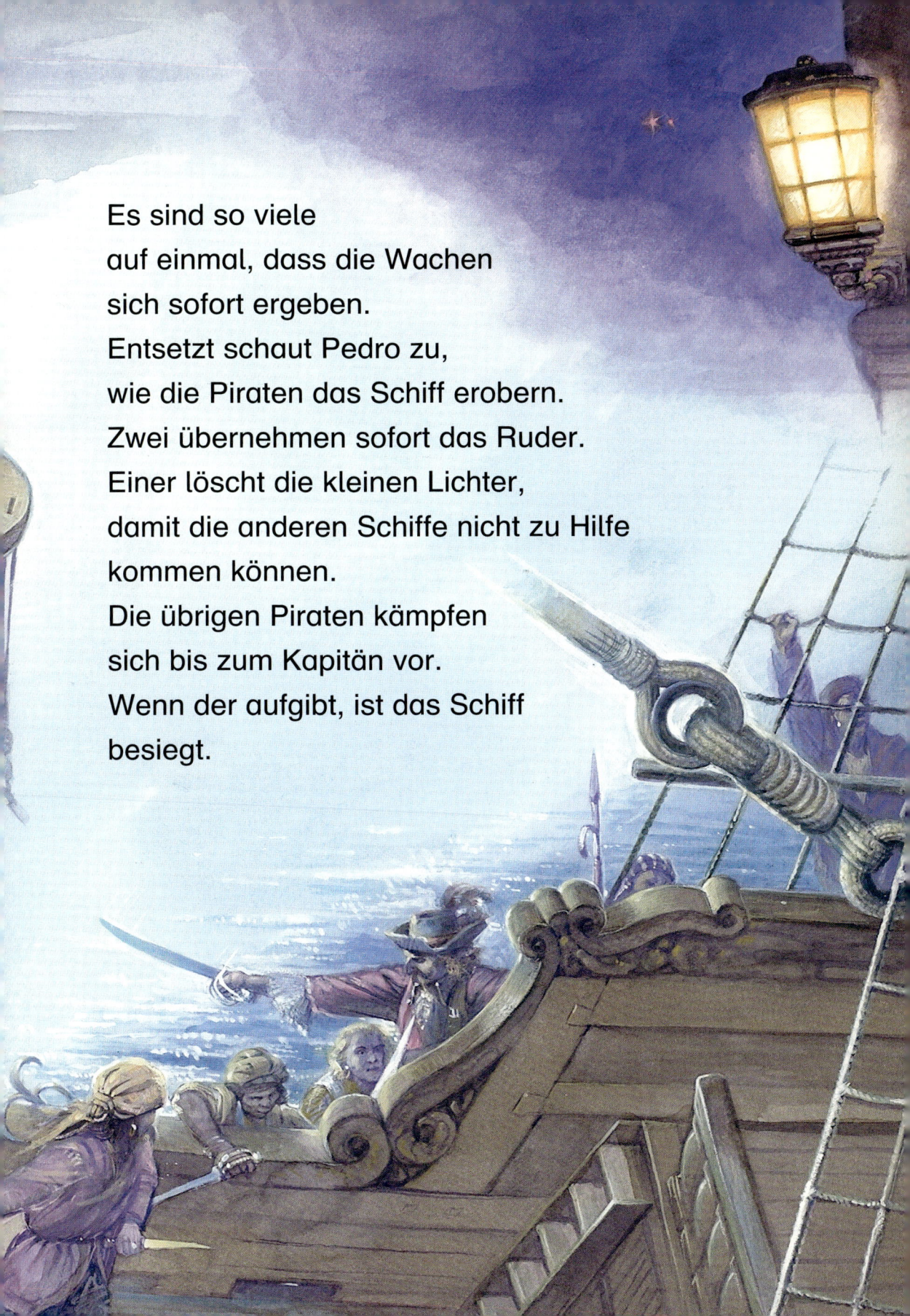

Es sind so viele
auf einmal, dass die Wachen
sich sofort ergeben.
Entsetzt schaut Pedro zu,
wie die Piraten das Schiff erobern.
Zwei übernehmen sofort das Ruder.
Einer löscht die kleinen Lichter,
damit die anderen Schiffe nicht zu Hilfe
kommen können.
Die übrigen Piraten kämpfen
sich bis zum Kapitän vor.
Wenn der aufgibt, ist das Schiff
besiegt.

Pedro und sein Vater werden gefesselt.
„Hab keine Angst", flüstert der Vater
Pedro zu, „die sehen zwar gefährlich aus,
aber sie werden uns nichts tun.
Die wollen nur Lösegeld. Ich habe zu
Hause schon etwas beiseite gelegt."

Trotzdem. Pedro hat Angst. Auch wenn ihm
sein Vater erklärt, dass alle Kaufleute
für so einen Fall Geld zurücklegen.
Aber Pedro ist auch sehr neugierig.
Als Gefangener wird er das Leben
der Piraten ganz aus der Nähe kennen lernen.
Wenn er wieder zurückkommt, gibt es
bestimmt viel zu erzählen.

Was sind Piraten?

Piraten gab es zu allen Zeiten und auf allen Meeren. Sie leben davon, friedliche Schiffe auszurauben.

In der Karibik begann die große Zeit der Piraten, als die Spanier nach der Entdeckung Amerikas das Gold der Inkas raubten.

Sie luden ihre Beute auf Schiffe, um sie nach Spanien zu bringen. Die Piraten versuchten auf See das Gold gleich wieder zu stehlen.

Noch heute liegen viele dieser Schiffe auf dem Meeresboden.

Piraten waren tüchtige Seefahrer. Und sie mussten zusammenhalten.

Alleine konnte ein Pirat nichts ausrichten. Deshalb haben sie Banden gebildet.

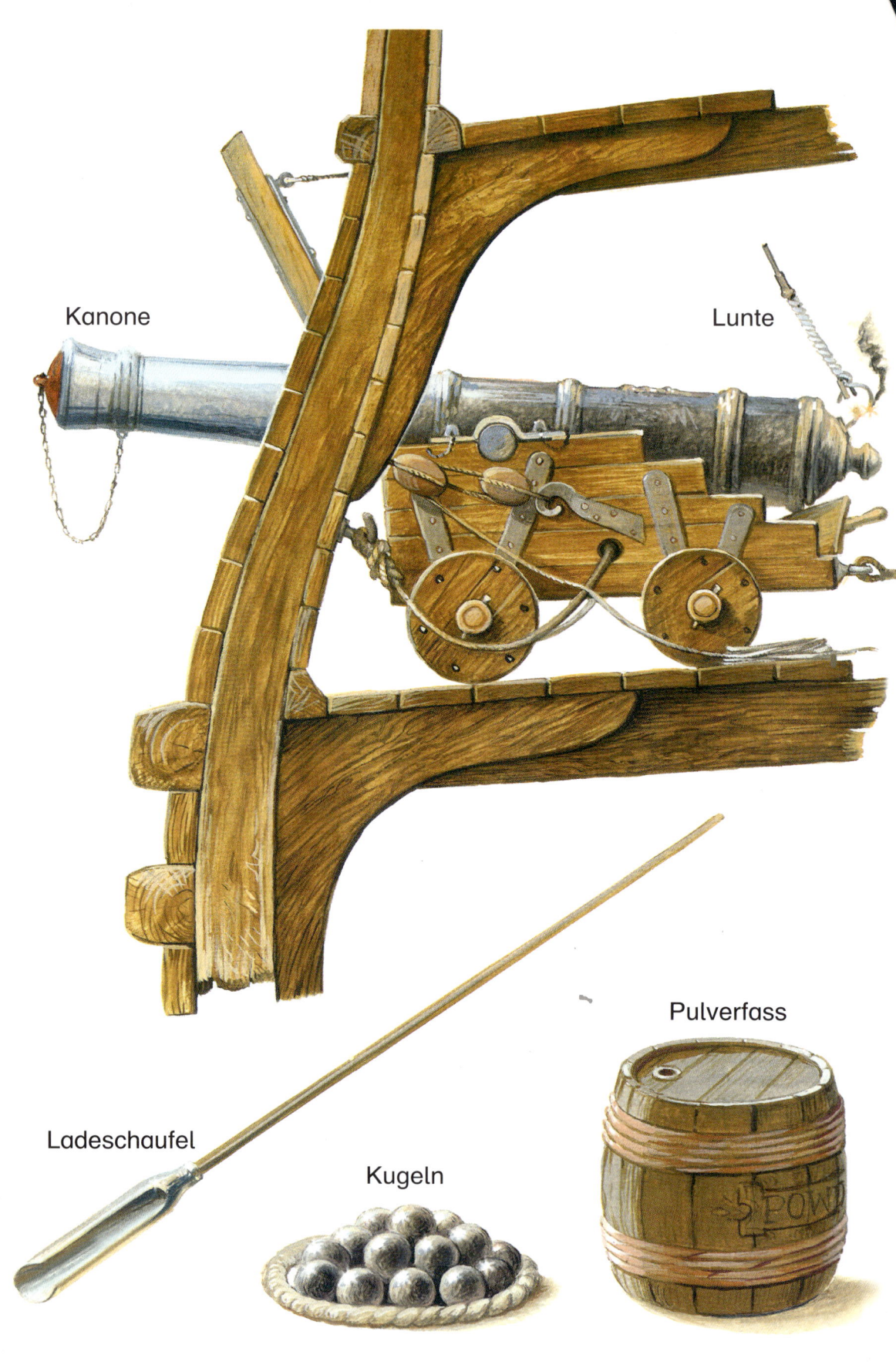

Kanone

Lunte

Ladeschaufel

Kugeln

Pulverfass

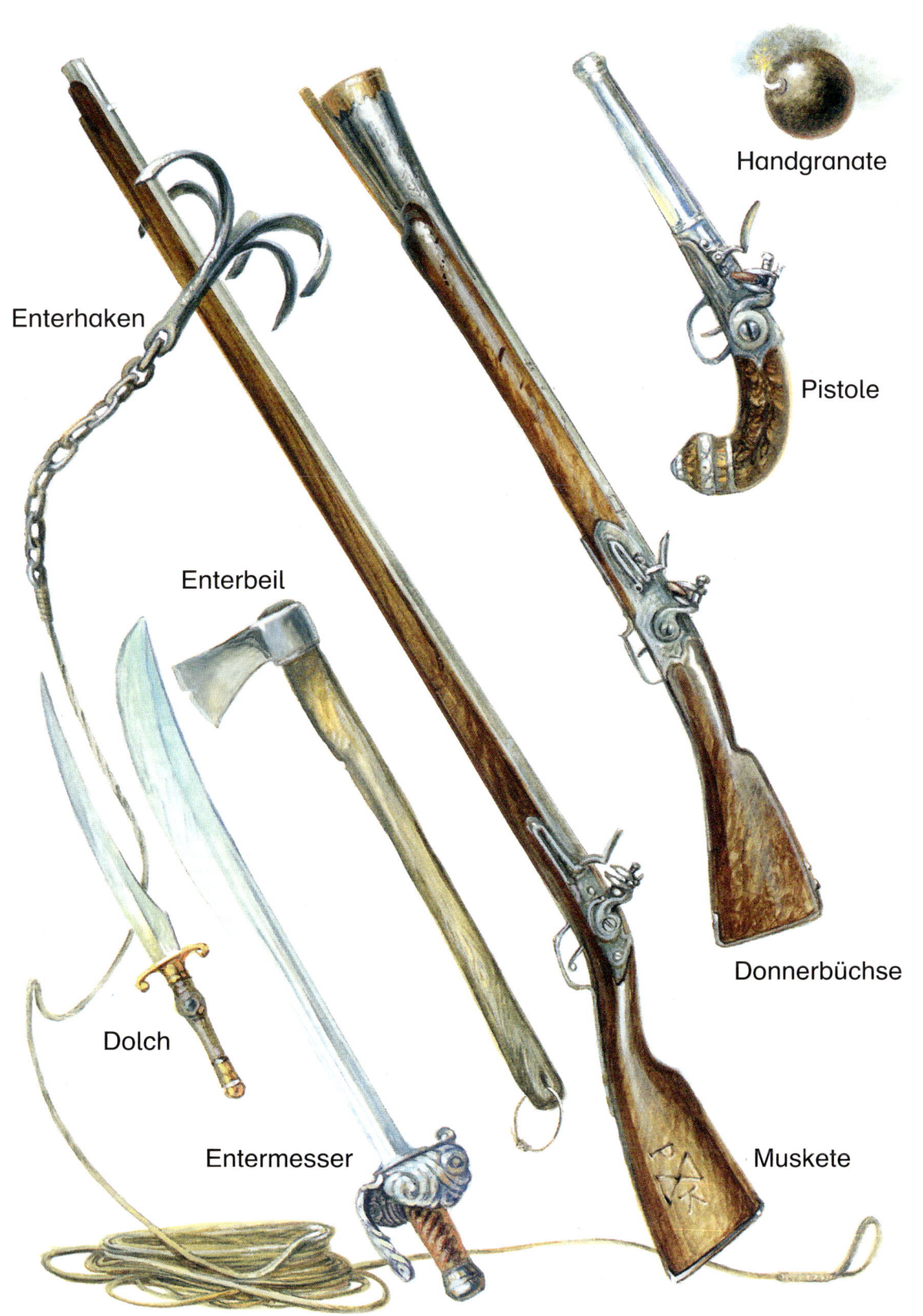

Handgranate

Enterhaken

Pistole

Enterbeil

Donnerbüchse

Dolch

Entermesser

Muskete

Piraten und Freibeuter

Piraten waren wilde Kerle. Oft waren es freche
Matrosen, die ihrem Kapitän nicht mehr
gehorchen wollten und gemeutert hatten.
Oder es waren entflohene Sklaven.
Manchmal passierte es aber auch,
dass arme Seeleute gezwungen wurden
bei den Piraten mitzumachen.
Man konnte nicht viel gegen die Piraten
machen.

Einige wurden von einem mächtigen König
oder einer Königin beschützt.
Die konnten sich überall im Land verstecken
und durften ihre Beute auf den Märkten
frei verkaufen.

Solche Piraten nennt man Freibeuter.
Sie bekamen von ihrem König sogar einen
Kaperbrief. Darin stand, welche Schiffe
sie ausrauben durften.
Manche dieser Freibeuter lebten selber
wie kleine Könige.

Die echten Piraten
dagegen galten
als Räuber
und wurden
von allen gejagt.

Fertig zum Entern!

„Alles fertig zum Entern!"
Die Piraten trinken noch einen kräftigen
Schluck Rum.
Dann spritzen sie die Segel nass,
damit ihr Schiff nicht in Brand gerät.
Der Pirat im Ausguck hat ein schwer beladenes
holländisches Handelsschiff gesichtet.
Das wollen sie erbeuten.
Damit die Holländer keinen Verdacht
schöpfen, haben die Piraten den Namen
ihres Schiffes übermalt und eine
holländische Flagge gehisst.
Sie haben immer verschiedene
Flaggen dabei.
Die Piraten winken freundlich.
Manche haben sich sogar als Frauen
verkleidet.
Die holländischen Matrosen sollen denken:
Ach, Frauen, die sind bestimmt harmlos.

Die Piraten kommen immer näher
an das Handelsschiff heran.
Erst im letzten Moment wird die Piratenflagge
hochgezogen.
Ehe die Holländer begriffen haben, was los ist,
haben die Piraten schon ihre Enterhaken
festgemacht und klettern schnell
am Schiff hoch.

Es entbrennt ein heftiger Kampf
Mann gegen Mann.
Die Holländer müssen sich bald ergeben
und bitten um Gnade.

Die Piraten kämpften vor allem
mit Krummsäbeln und mit langen Messern.
Nur wenige hatten Pistolen. Damit konnte man
nicht gut zielen und immer nur einen Schuss
abgeben. Dann brauchte man ziemlich lange,
um den zweiten Schuss vorzubereiten.

Der Pirat Schwarzbart hatte deshalb immer
gleich fünf Pistolen griffbereit in seinem Gürtel.
Kanonen haben die Piraten nicht gerne benutzt.
Kanonen sind sehr schwer und haben ein Schiff
langsam gemacht.
Wenn die Piraten doch mal eine Kanone hatten,
haben sie damit meist nur rumgeballert,
um ihren Gegnern Angst zu machen.
Die Piraten wollten andere Schiffe ja
nicht kaputtschießen. Sie wollten sie erbeuten.

Fette Beute

Am liebsten wollten die Piraten Gold, Silber,
Edelsteine und Münzen rauben.
Auch kostbare Stoffe, Gewürze, Schießpulver,
Kakao und Rum waren sehr begehrt.
Die Schätze wurden auf einer Insel
versteckt.
Alles, was die Piraten nicht brauchten,
wurde gleich wieder verkauft.
Auch die Menschen, die ihnen in die
Hände gefallen waren. Sie brachten
auf dem Sklavenmarkt viel Geld ein.

Nur reiche Leute wurden verschont,
denn für sie konnte man hohe Lösegelder
bekommen.
Es gab auch Schiffe,
die extra losfuhren,
um Menschen zu fangen.
Aus Afrika wurden
tausende verschleppt
und in Amerika
als Sklaven verkauft.

Ein paar Tricks

Piraten haben immer versucht ihre Opfer
zu überraschen.
Erst sind sie den ganzen Tag extra langsam
hinter einem Schiff hergefahren.
Die Matrosen mussten glauben
ein schwer beladenes Handelsschiff
fährt hinter ihnen her.
Im Dunkeln haben die Piraten dann schnell
aufgeholt.

Oder sie sind gekommen, wenn ein Schiff
schon im Hafen lag und sich alle sicher fühlten.
Dann sind die Piraten einfach an der Ankerkette
hochgeklettert.
Sie haben auch oft versucht ihre Opfer
so einzuschüchtern, dass sie gleich freiwillig
aufgaben.
Dann musste nicht gekämpft werden.

Also haben die Piraten alles getan,
um den Matrosen gehörig Angst einzujagen.
Man nennt das „Wind machen. Sie haben laut
herumgegrölt, wild mit ihren Säbeln gefuchtelt
und mit Stinkbomben und Feuertöpfen geworfen.

34

Auch die Piratenflagge sollte friedlichen
Seeleuten Furcht einjagen.
Deswegen waren möglichst schreckliche
Sachen darauf abgebildet.
Zum Windmachen gehörte auch,
dass die Piraten Schauergeschichten
über sich verbreiteten.
Alle Seeleute sollten sich erzählen,
wie blutrünstig die Piraten sind.

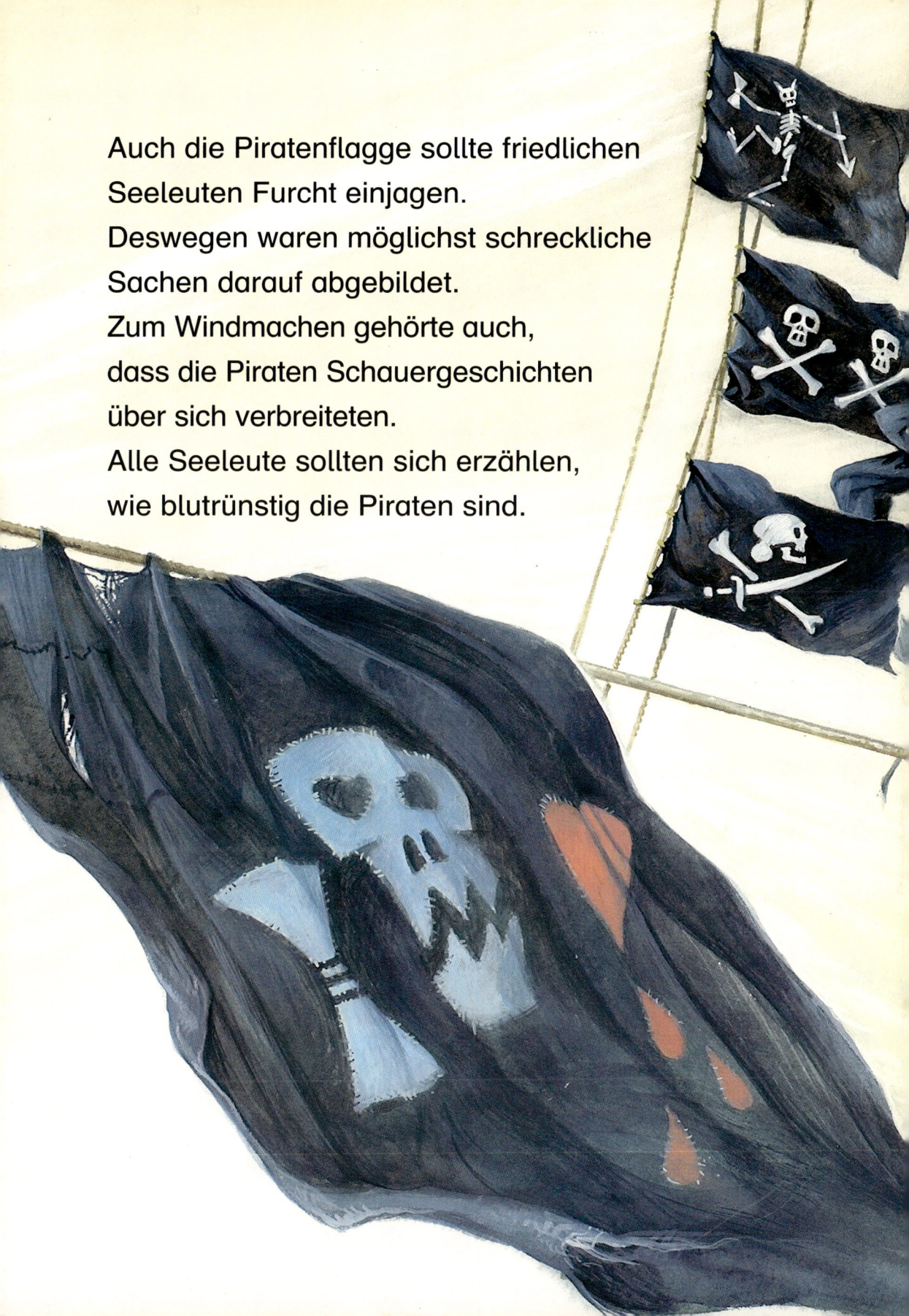

Berühmte Freibeuter und Piraten

Einer der reichsten Freibeuter war der
Engländer Sir Francis Drake.
Er besaß so viel Gold und Edelsteine,
dass er kein Silber mehr raubte.
Dafür war einfach kein Platz mehr.
Einmal hat ihn die Königin von England
auf seinem Schiff besucht und gestaunt:
Die Segel waren aus kostbaren Stoffen
und jeder Matrose trug glänzende Goldketten
um den Hals.

Der Pirat Schwarzbart war vermutlich
der wildeste Seeräuber, der je gelebt hat.
Er hat sich brennende Lunten auf seinen Hut gelegt,
damit er stets von einer Rauchwolke umgeben war.
Gewaschen hat er sich nie.
Er hat Furcht erregend ausgesehen und schrecklich
gestunken und er war auch noch stolz darauf.
Man erzählte sich sogar, dass er mit fünf Kugeln
im Leib trotzdem weiterlebte.

In der Nordsee raubte
Klaus Störtebeker die Schiffe aus.
Er hatte viele Freunde an Land, weil er
den armen Leuten immer etwas von seinen
Schätzen abgab.
Piraten, die ihre Beute an die Armen verteilten
und ihre Opfer verschonten, nennt man
edle Piraten.
Die Piraten wollten keine Frauen auf ihren
Schiffen haben.

Anne Bonny aber wollte gerne Seeräuberin
werden und schaffte es auch.
Sie hat sich einfach immer als Mann verkleidet.
Einmal traf sie einen besonders hübschen
Matrosen und verliebte sich in ihn.
Ihm verriet Anne Bonny, dass sie in Wahrheit
eine Frau war.
Da hat sie erfahren, dass der hübsche Matrose
auch eine Frau in Männerkleidern war.
Die beiden wurden dicke Freundinnen
und galten als die kühnsten Seeräuber
des Karibischen Meeres.

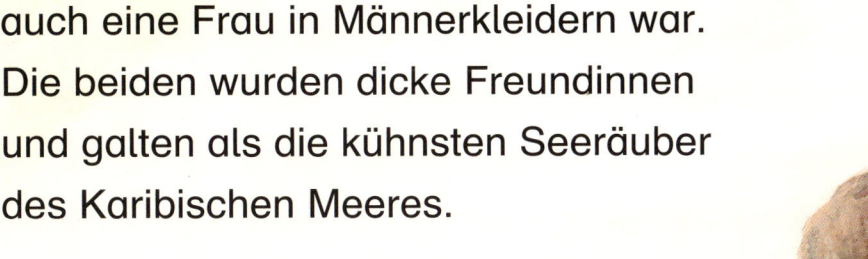

Alles nur Seemannsgarn?

Vieles, was wir über Piraten hören, stimmt gar nicht. Die Piraten haben ja selber dafür gesorgt, dass viele Gruselgeschichten verbreitet wurden. Aber vieles weiß man doch.

Der Schriftsteller Daniel Defoe, der „Robinson Crusoe" geschrieben hat, ist selbst einmal von Piraten überfallen worden und hat als Gefangener bei ihnen gelebt. Von ihm wissen wir, wie es wirklich zuging.

Piraten haben ihren Kapitän selber gewählt.
Sie haben alles gerecht geteilt.
Wer seine Kameraden betrog, wurde zur Strafe
auf einer einsamen Insel ausgesetzt.

Es gab strenge Regeln, an die sich alle
halten mussten. An Bord durften sich die
Piraten nicht mal zanken.
Wenn sie unbedingt streiten wollten,
mussten sie solange an Land gehen.
Piraten haben sich oft gelangweilt.
Sie haben gewürfelt oder Karten gespielt.

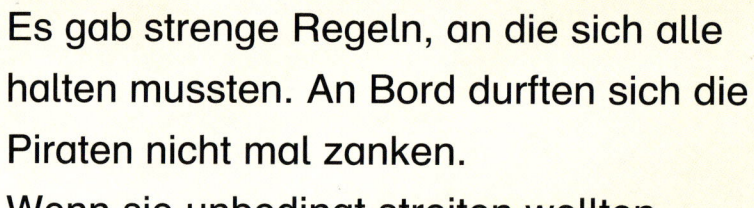

Sie haben ihre Waffen
geputzt und ein bisschen
mit ihren Pistolen rumgeballert.
Manchmal lebten 250 Piraten
auf einem kleinen Schiff.
Alle schliefen in Hängematten.
Gemütlich war das nicht.
Das Essen war sehr schlecht.
Meist gab es nur trockenen Zwieback,
gekochte Schlangen oder Schildkröten.

Die Piraten haben oft im Dunkeln
gegessen, damit sie nicht sehen
mussten, wie vergammelt ihr Essen
schon war. Es schmeckte so schlecht,
dass sie es nur hinunterwürgen konnten,
wenn es stark gewürzt war. Gewürze
waren daher kostbar wie Gold.

Die echten Piraten hatten kein Zuhause
und meist auch keine Familie. Sie fühlten
sich nirgendwo sicher. Sie hatten ständig
Angst, dass sie eines Tages geschnappt
wurden und an den Galgen mussten.

Einmal haben
die Piraten ein eigenes
Land gegründet. Es hieß „Liberta" und lag auf der
Insel Madagaskar. Es durfte dort nicht mal Zäune
geben, weil alles allen gehören sollte.
Doch die Einwohner von Madagaskar haben
die Piraten wieder vertrieben.

Den Piraten auf der Spur

Nach vielen Schätzen der Piraten wird
immer noch gesucht.
Manche forschen in den Klippen von Helgoland
nach Spuren von Störtebeker.

Die größten Schätze werden auf
der Kokosnussinsel vermutet.
Da soll die Beute eines Piraten
vergraben sein, der sich
„Benito Bonito mit dem
blutigen Schwert" nannte.
Ein deutscher Kapitän hat 30 Jahre
lang nach den Schätzen gesucht,
aber nichts gefunden.

Wo ist der Piratenschatz versteckt?

Zufällig bist du in den Besitz einer Karte und eines geheimen Plans geraten.
Hier ist die Karte:

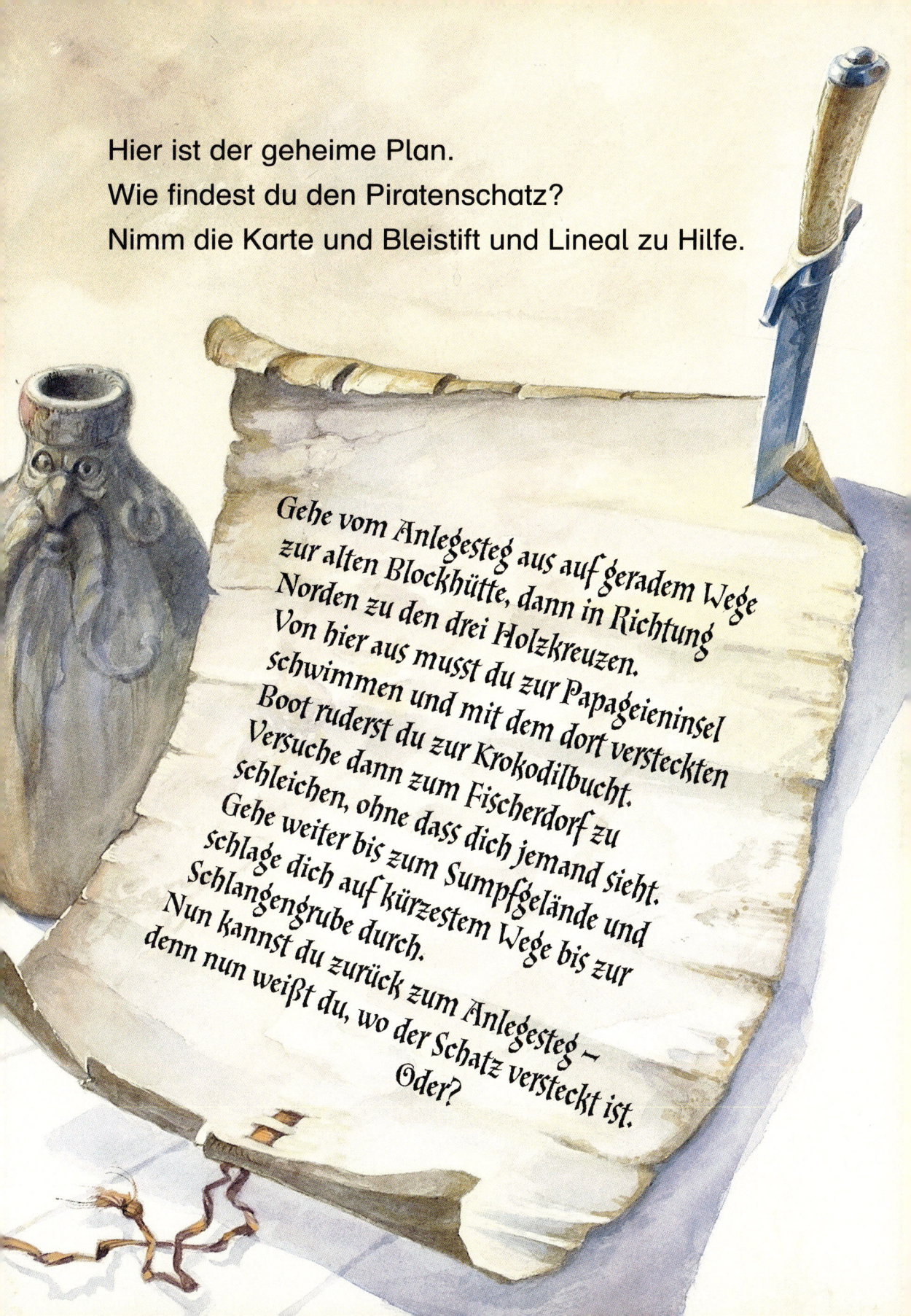

Hier ist der geheime Plan.
Wie findest du den Piratenschatz?
Nimm die Karte und Bleistift und Lineal zu Hilfe.

Gehe vom Anlegesteg aus auf geradem Wege zur alten Blockhütte, dann in Richtung Norden zu den drei Holzkreuzen.
Von hier aus musst du zur Papageieninsel schwimmen und mit dem dort versteckten Boot ruderst du zur Krokodilbucht.
Versuche dann zum Fischerdorf zu schleichen, ohne dass dich jemand sieht.
Gehe weiter bis zum Sumpfgelände und schlage dich auf kürzestem Wege bis zur Schlangengrube durch.
Nun kannst du zurück zum Anlegesteg –
denn nun weißt du, wo der Schatz versteckt ist.
Oder?

Lösung: Wenn du die Punkte verbindest, ergibt
sich ein Pfeil: Der Schatz ist auf der Papageieninsel vergraben.